甘美華老師簡歷

學歷：中興大學法律系、高雄師範大學教育系、臺北師大國文系、美術系及三研所研讀。

經歷：台北市金甌女中教師、陸軍士官學校教學組長、陸軍士官專科學校社團國畫教師，中國美術協會、中華民國畫學會、中華藝風書畫會會員，及台北市中華書畫藝術協會理事。

作品展出

國內：

1988　國軍藝術活動中心(怡心畫會聯展)
1993　台中市立文化中心(怡心畫會聯展)
　　　桃道新文明空間(個展)
1995　國父紀念館(中華藝風書畫會聯展)
1996　國父紀念館(中國美術協會聯展)
2000　師大畫廊(中國美術協會聯展)
2002　國軍文藝活動中心(中華藝風書畫會聯展)
2007　台北市議會(中華藝風書畫會聯展)
2008　三芝鄉圖書館(八大儒墨會聯展)
2009　陸軍士官專科學校(個展)
2009　台北市社教館(個展)
2010　桃園縣平鎮社教館(台藝書畫學會聯展)
2010　桃園客家文化館(中華民國書畫會聯展)
2010　台北市議會(中華藝風書畫聯展)
2010　行政院法務部(中國美術協會聯展)
2011 台北市中華書畫藝術協會理監事聯展

國外：

2007　中國南京市中山畫院聯展
2007　中國山東濟南禹城孫康美術館展
2008　韓國金漢府文化藝術中心聯展
2008　中國浙江奉化世界藝術名家作品展
2009-2011 日本書藝院國際美術交流展
2010　韓國國際文化美術聯展
2011　韓國亞細亞美術招待展
2011 台萊兩岸交流畫會聯展

得獎：

2003　行政院陸委會「當代名家藝術作品集暨募款活動」感謝狀乙幀
2006　臺灣世界藝術家交流會第五屆傑出美術獎大展國畫組金牌獎
2009-2011　連續三年獲大日本書藝苑特選獎
2011 韓國亞細亞國際文化協會美術大展優秀頭書選定

特殊榮譽：

2007　『牡丹圖』作品由中國南京中山畫院典藏
2007　獲聘任中國山東濟南私立成家書法業校國畫客座教授
2007　『孔雀』作品由中國山東濟南禹城孫康美術館典藏
2008　『喜上眉梢』、『春到人間』作品入選世界藝術名家作品展，並珍藏於中國浙江奉化。
2011　日本、韓國美術館皆有典藏。

 水中仙子 —— 水仙 68×135cm

眺望 —— 金雞牡丹 68×135cm

雄風摑鐵嶽大事乘雲天若英華儒士畫杜聳岭句玆記

6　　沖天 —— 鷹 68×135cm

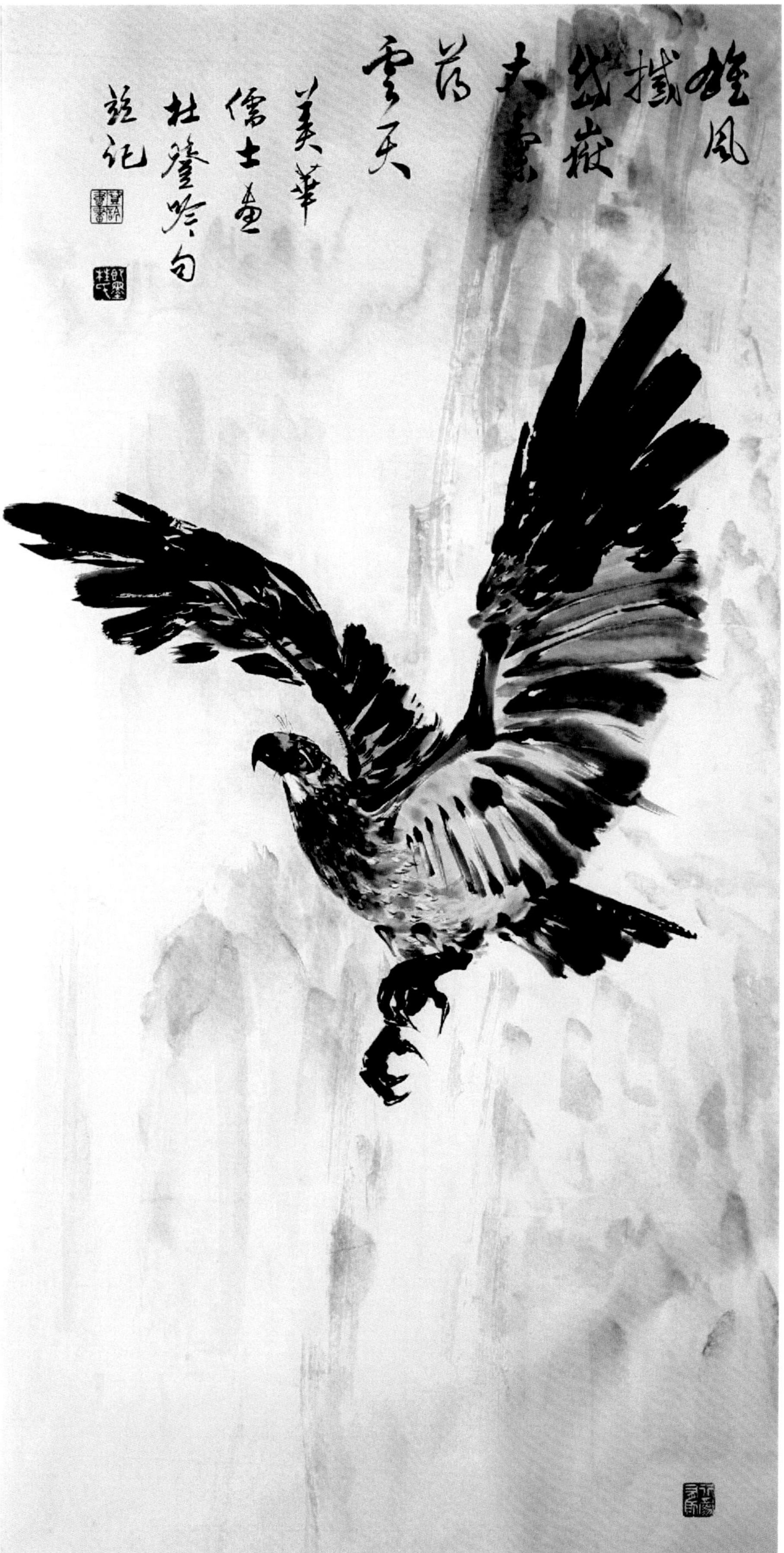

紫綬金章 —— 金雀紫藤 68×135cm

兩串珠 ── 紫藤 45×68cm

花下雙鳧 —— 野鴨芙蓉 68×135cm

相看兩不厭 —— 冠鶴 68×135cm

賞梅 —— 紅梅丹頂鶴 68×135cm

蕉下戲春 —— 麻雀芭蕉 68×135cm

生生不息 ── 金雞翠竹 68×135cm

鐵樹開花 —— 鷦鷯鐵樹 68×135cm

夜行者 —— 貓頭鷹 45×68cm

五福 —— 蝙蝠 45×68cm

東籬秋色 —— 菊與竹 68×135cm

夏蔭 — 蘆花雞鳳凰木 68×135cm

雙清 — 梅與竹 45×68cm

白梅 —— 白梅 45×68cm

寫梅 —— 梅園寫生 30×30cm

貴壽平安 —— 梅竹佛手 45×68cm

相依 — 蘆花雞洋紫荊 68×135cm

富貴萬年 —— 牡丹百合萬年青 45×68cm

洋蘭 —— 嘉德麗雅蘭 45×68cm

雙嬌 — 嘉德麗雅蘭 45×68cm

富貴滿玉堂 — 白頭翁牡丹玉蘭 34×135cm

扶桑引雀來 — 紅雀扶桑 34×135cm

神仙情侶 —— 藍腹鷴牡丹竹 70×158cm
黃金富貴 —— 錦雞牡丹 68×68cm

九如圖 —— 錦鯉 68×135cm
年年有餘 —— 鰱魚 45×68cm

戲水 — 鴛鴦 45×68cm

蘆草青青 鴛鴦遊 — 鴛鴦 68×90cm

紅顏鶴髮 —— 白頭玫瑰 45×68cm
蝶戀花 —— 蝴蝶牡丹 45×68cm

洛陽春暖 —— 牡丹　　　68×135cm

寶盂異卉 —— 蝴蝶紫鳶花 45×68cm

書齋清供 —— 牡丹 68×68cm
樹醫 —— 啄木鳥 68×68cm

清流 —— 鰷魚墨荷 68×68cm
千山我獨行 —— 熊貓翠竹 68×90cm